INDEMNITÉ

DE

SAINT-DOMINGUE.

Imprimerie de David,

Boulevart Poissonnière, N° 6.

INDEMNITÉ

DE

SAINT-DOMINGUE.

DE L'ENQUÊTE,

ET

Des moyens d'apprécier la consistance des anciennes propriétés de Saint-Domingue donnant droit à l'indemnité, et dont la valeur n'est pas justifiée par des actes.

PARIS,

A LA LIBRAIRIE DE L'INDUSTRIE,

RUE SAINT-MARC, N° 10.

1826.

INTRODUCTION.

Les répartitions d'indemnités, en réparation d'anciens désastres, présentent toujours de graves difficultés. Les juges répartiteurs sont placés entre deux écueils : d'un côté, la bienveillance qui fait compatir au malheur ; de l'autre, un excès de rigueur qui rend sourd à toutes les plaintes.

Lorsqu'on a médité sur la liquidation de l'indemnité de Saint-Domingue avec pleine connaissance des circonstances qui s'y rattachent, on reste pénétré de cette vérité : qu'une juste répartition des 150 millions est l'opération la plus difficile qui ait jamais été entreprise.

Il n'en est point, non plus, à laquelle l'opinion publique soit plus attentive, car elle est destinée à soulager de longues et nombreuses infortunes. Les intéressés sont dans toutes les parties de la France et dans tous les rangs.

Des hommes éminens, offrant tous les genres de garanties, ont été choisis pour accomplir cette œuvre importante. Ils sont dépositaires d'un grand pouvoir discrétionnaire, tel que la loi du 30 avril a voulu le déléguer à la commission de liquidation. C'est, en un mot, un jury d'équité. L'exposé des motifs de la loi et les rapports des commissions des deux chambres n'ont laissé aucun doute à cet égard.

Cependant, cette commission, ainsi instituée, recule devant les pouvoirs nécessaires qui lui sont donnés et se hâte d'élever un rempart contre les attaques de l'arbitraire. Par là, les ayant-droit à l'indemnité sont séparés en deux catégories, et la plus nombreuse comme la plus infortunée, se trouve hors de la barrière et presque sans espérance.

L'arbitraire a des dangers qu'on ne peut méconnaître. Mais ici, c'est un moyen nécessaire. L'arbitraire est dans la chose elle-même, il en est inséparable. Il était prévu dans le projet de loi présenté par le gouvernement, et le législateur a voulu laisser plus de latitude encore par un changement de rédaction à l'article 6 de la loi.

Voici le texte de cette disposition :

Article 6. « La commission statuera sur les réclamations, d'après les actes et les documens qui seront produits devant elle, même par voie d'enquête, *si elle le juge convenable*, et appréciera les biens suivant leur consistance à l'époque de la perte, et d'après la valeur commune des propriétés en 1789. »

Au lieu de ces mots *si elle le juge convenable*, on avait dit dans la première rédaction, *s'il y a lieu*.

« Ces mots, *s'il y a lieu*, est-il dit dans le rapport de la commission de la chambre des députés, supposent une relation avec des lois ou règles qui décident quand il y a lieu d'admettre la preuve testimoniale. Ces lois et ces règles sont dans les codes ; mais les circonstances ne permettent pas de se référer ici au droit commun sur l'admissibilité de la preuve testimoniale. Nous pensons que *l'idée qu'on a en vue* sera mieux exprimée par les mots : « Même par voie d'enquête, *si elle le juge convenable.* »

Le rapport au Roi par la commission préparatoire, distribué aux deux chambres, avait mis en évidence les difficultés extraordinaires de cette liquidation et la nécessité de les franchir par des mesures extraordinaires aussi ; l'article 6 de la loi en recèle le pouvoir, il légitime l'arbitraire, et l'on peut dire que sans lui la justice, ici, devient impossible.

Il est certain aujourd'hui que la majorité des ayant-droit à l'indemnité, ne pourront produire des pièces justificatives de la valeur des biens perdus. Les uns n'ont qu'un titre de concession, ou un contrat d'acquisition antérieur de beaucoup d'années à l'époque de 1789. Les autres n'ont qu'une ferme ou une reprise de possession après les séquestres qui ont suivi la dévastation de la colonie ; enfin la plupart se trouvent tout-à-fait dépourvus de documens.

La voie de l'enquête doit leur être ouverte à tous, et il faut que cette voie soit large.

L'enquête resserrée dans des limites telles que celles établies par la commission, sera généralement sans effet. Très-peu de témoins, enchaînés par un serment, pourront ou voudront répondre à des questions précises. Quelle mémoire ne serait pas en défaut sur des faits étrangers, après trente-cinq ans d'infortunes personnelles?

L'enquête régulière ne conduira pas au but marqué par la justice et par la loi : l'égalité de répartition entre toutes les victimes de la même catastrophe. Il faudra donc en venir à d'autres moyens, tels que les présomptions acquises par les objets de comparaison, les probabilités notoires, la commune renommée, etc.; autrement, la moitié, les trois quarts, peut-être, des ayant-droit, se trouveraient ou exclus de l'indemnité, ou privés de la plus forte partie de leur dividende.

Des cris de détresse se font entendre chaque

jour depuis que, par son premier arrêté, la commission a restreint l'enquête au point de la rendre à peu près nulle. Puissent les observations que nous publions apaiser tant de douleurs et rendre l'espérance aux réclamans, en portant la conviction dans l'esprit de leurs juges !

INDEMNITÉ

DE

SAINT-DOMINGUE.

DE L'ENQUÊTE,

Et des moyens d'apprécier la consistance des anciennes propriétés de Saint-Domingue, dont la valeur n'est pas justifiée par des actes.

La commission de liquidation de l'indemnité de St.-Domingue a fixé, par un arrêté en sept articles, les principales bases des opérations dont elle est chargée. Cet arrêté n'a point été rendu public, mais il n'est pas resté secret et il ne devait pas l'être.

Jamais affaire plus difficile n'a été livrée au jugement des hommes.

La commission de liquidation a la volonté d'être juste : c'est une vérité que l'on doit reconnaître, et dont l'auteur de ces réflexions a personnellement la conviction.

Mais cette réunion d'hommes, si distingués par leur mérite et par leur rang, paraît dominée par la crainte du vague et de *l'arbitraire* à un tel point, qu'elle vient de s'interdire à elle-même le seul moyen possible d'établir une égalité proportionnelle de partages entre les victimes de la même catastrophe.

Tel serait du moins l'effet de l'article 3 de son arrêté, s'il pouvait être maintenu. En voici le texte :

« La consistance des biens sera établie, soit
» par des inventaires, contrats d'acquêts, ou
» autres actes présentant les masses des biens
» et leur valeur capitale, soit par les comptes
» des gérans indiquant les produits.

» Lorsqu'on ne présentera que des actes
» établissant la valeur capitale des biens, quelle
» que soit la date de ces actes, il seront pris
» pour base de l'appréciation, et dans aucun
» cas la preuve testimoniale ne sera admise
» contre et outre leur contenu.

» Mais lorsque l'on présentera les comptes
» des gérans ou autres actes d'une époque plus
» rapprochée de celle de la perte, ces actes
» serviront à modifier les premiers, soit au
» profit du réclamant, soit au profit de la
» masse. »

Ainsi, dans une position tout-à-fait semblable, *quant aux moyens de prouver la valeur de leur perte*, les réclamans qui n'ont aucune pièce à produire seraient admissibles à l'enquête, et elle serait refusée à ceux pour qui le hasard ou les archives auraient conservé un acte indiquant l'ancienne valeur de la propriété, ou son estimation après les désastres. Qu'il nous soit permis de citer des faits ; ils donneront plus de force à nos raisonnemens.

Une habitation avait été achetée, en 1780, moyennant trente mille livres, argent des colonies. Ce n'était encore qu'un commencement d'établissement. Cette habitation, pourvue ensuite des forces et des moyens d'exploitation nécessaires, valait trois cent mille livres en 1789, progression relative et générale qui n'a certainement rien d'étonnant. Les témoignages de ceux qui l'ont connue s'accorderaient sur cette évaluation ou sur les présomptions qui pourraient y conduire. Tous les titres et documens ont été perdus. On n'a que le contrat d'acquisition qui s'est retrouvé aux archives. La liquidation, si elle était faite sur le prix porté au contrat, au lieu de produire un dixième de la perte, ne donnerait qu'un centième.

En un mot, la répartition, qui devrait être de vingt mille francs, ne serait que de deux mille.

Une autre habitation, dont tous les titres et comptes ont été également perdus, fut estimée, lors d'une reprise de possession, après les désastres. L'inventaire, dressé au milieu des ruines, en décrit et en constate les traces. L'appréciation n'est portée qu'à 100,000 francs pour cette même propriété qui valait un million avant les ravages et la dispersion des esclaves; et c'est encore un fait notoire. La liquidation sera-t-elle faite sur 100,000 francs, sans égard pour cette notoriété? Elle ne donnerait encore, dans ce cas, qu'un centième de la perte. Et que deviendraient toutes ces sommes retranchées à tant d'ayant-droit dans le même cas? Elles iraient grossir et doubler peut-être le supplément dévolu aux heureux qui auraient déjà reçu un dixième intégral.

Voilà pourtant quelles seraient les conséquences de l'exécution rigoureuse de l'article 3 de l'arrêté de la commission!

Certes, l'intention de la loi du 30 avril et l'attente publique ne seraient alors nullement remplies.

L'article 6 de la loi veut que les biens soient

appréciés suivant leur consistance *à l'époque de la perte*, et d'après la valeur commune des propriétés en 1789, et que l'indemnité soit du dixième de cette valeur.

De plus, la commission créée par l'ordonnance royale du 1er septembre 1825, a démontré, par des calculs positifs, la très-grande probabilité d'un supplément de répartition.

Il y aurait donc des réclamans qui, pourvus de documens constatant la véritable valeur de leurs biens, après en avoir reçu le dixième, auraient encore à prétendre à un supplément d'autant plus considérable qu'il s'augmenterait des énormes réductions dont on vient d'offrir des exemples, tandis que beaucoup d'autres, *ayant les mêmes droits*, ne recevraient en quelque sorte qu'une aumône d'un centième, d'un cinquantième, etc.

Et par une fatalité qui semble les poursuivre, ce sont précisément ceux qui ont le plus souffert, ceux qui restaient sur leurs habitations, qui n'ont point de papiers à produire; car les riches propriétaires qui résidaient en France y recevaient avec leur revenu les comptes de leurs gérans, et quand ces comptes ont été perdus, on peut généralement y suppléer par ceux des correspondans dans les ports, en y ajoutant la différence du revenu net au revenu brut.

Les colons qui géraient eux-mêmes ont été la plupart massacrés sur leurs habitations, et ceux qui ont échappé au carnage comme par miracle, n'ont pu emporter leurs papiers ou les ont perdus dans leur fuite précipitée; d'ailleurs, ceux-là vendaient leurs denrées sur les lieux et ne tenaient aucun compte exact de leur revenu. Le nombre en est plus grand qu'on ne le pense peut-être; et nous pouvons affirmer avec pleine connaissance des faits que les ayant-droit à l'indemnité *qui n'ont point de pièces justificatives de la valeur de leurs biens vers l'époque de la perte*, sont beaucoup plus nombreux que les autres.

Il résulterait donc du système de l'article 3,

1° Que la première répartition serait inégale au dernier excès;

2° Que cette disproportion assurerait un supplément de répartition au profit des uns par les dépouilles des autres;

3° Que cette rigueur serait d'autant plus déplorable qu'elle atteindrait évidemment les plus infortunés.

Nous n'ignorons pas les considérations qui l'ont emporté, dans les délibérations de la commission, sur celles que nous essayons de présenter ici; nous sommes loin d'en méconnaître la gravité et de dissimuler la difficulté d'une bonne solution. Mais avec tant de lumières et des intentions si pures, la commission ne peut manquer de la trouver, lorsque, plus avancée dans ses opérations, elle aura pu se rendre compte d'une multitude de circonstances encore imparfaitement connues (1).

***

(1) La répugnance de la commission à s'éloigner des règles qui conviennent à sa conscience et à sa dignité, n'est pas le seul motif de l'extrême rigueur de ses premières dispositions. Il en est un autre qu'il n'est pas inutile de faire connaître : c'est la crainte d'épuiser le fonds de l'indemnité avant d'être arrivé au dernier cinquième.

Mais a-t-on calculé toutes les causes de réduction de l'indemnité à payer ?

1° Les déshérences, propriétés non réclamées, ou réclamations non admissibles;

2° Domaine de l'état ou de communautés ;

3° Propriétés des gens de couleur ;

4° Réductions sur les propriétés vendues après les désastres, si l'acquéreur, à toutes chances, est privé du droit de représenter son vendeur;

5° Enfin, réductions sur les réclamations basées sur des in-

Qu'on ne nous suppose donc ici ni l'intention d'une vaine critique ni de présomptueuses pensées, ni des calculs d'intérêt personnel; ce qui nous porte à ces observations, c'est l'espérance bien fondée d'une modification indispensable dans un système adopté, un peu prématurément peut-être, c'est le désir de calmer

---

ventaires presque toujours au-dessous de la valeur que représenterait le revenu capitalisé.

En ne tenant aucun compte de ces réductions, et en supposant qu'il y eût lieu à payer l'indemnité « pour toutes les propriétés, » on n'avait trouvé l'emploi que de 143 millions dans la répartition d'un dixième des pertes, savoir :

58 millions	pour les sucreries,
50	pour les cafeyères,
10	pour les cotonneries,
20	pour les indigoteries,
5	pour les propriétés urbaines.

143 millions.

Il restait sept millions pour les cas imprévus, plus le résultat des déshérences et autres réductions qui viennent d'être indiquées. On pourrait donc craindre tout au plus, suivant toutes les probabilités, qu'il ne se trouvât pas un *boni*, un supplément à répartir. Voudrait-on aller plus loin encore, et supposer qu'il y aurait déficit sur le dernier cinquième ? Nous ne verrions là qu'une anticipation, et si c'était un mal, serait-il comparable à celui de former une réserve au moyen des retranchemens qu'aurait subis la catégorie malheureuse menacée par l'article 3 ?

de cruelles anxiétés, et de contribuer par l'exposé des faits à éclairer la question.

Le danger de l'arbitraire épouvante la commission ; elle ne voudrait établir ses liquidations que sur des élémens certains, et toutes les fois qu'on lui présente un acte, *quelle que soit sa date*, elle n'admet plus aucune preuve testimoniale. Elle a trouvé nne base certaine, et sa conscience s'y repose.

Mais ici le certain, que l'on préfère à l'incertain, n'est pas *le vrai;* c'est évidemment *le faux*, car l'acte d'après lequel on apprécierait la propriété, ayant précédé ou suivi l'époque de 1789, de huit ou dix années, ne donnerait qu'une idée fausse de la valeur. Que dire des actes qui remonteraient à vingt ans et plus encore ?

L'arbitraire est un mal sans doute, mais il est inhérent à la nature de la liquidation dont il s'agit, et l'on sait bien qu'il n'est pas impossible de trouver des moyens d'en diminuer les fâcheux effets. Eh quoi! voudrait-on, pour se préserver de tout embarras, et pour aller plus vite, s'exposer volontairement à un mal bien plus grand encore, celui de la répartition la plus inégale et par conséquent la plus injuste?

Non, la raison, le vœu de la loi, l'intérêt dû au malheur, les sentimens qui animent la commission, tout se réunit pour repousser une pareille supposition.

La commission préparatoire, dont quelques membres font partie de la commission de liquidation, a mis en évidence, dans son rapport, toutes les difficultés de cette grande opération. Ce travail, fruit de l'expérience et d'une longue délibération, a reçu la sanction d'un suffrage général, et le Roi y a imprimé le sceau de son approbation, en le plaçant au nombre des motifs de son ordonnance du 9 mai dernier.

On peut donc citer avec confiance les données et les conclusions de ce rapport.

Il faudra, est-il dit, page 14, « que la com-
» mission de liquidation combine les divers
» élémens susceptibles d'éclairer sa conscience
» et de guider sa justice; il faudra que, libre
» dans le cercle de quelques règles indiquées
» comme seule barrière aux dangers d'un ar-
» bitraire illimité, elle se décide souvent par la
» réunion de diverses présomptions, dont cha-
» cune, isolée, serait insuffisante; mais *dont le*
» *nombre et la coïncidence* suppléeront à ce

» qui leur manque de force individuelle; pour
» tout dire, la commission de liquidation sera
» *un véritable tribunal d'équité.*

» La commission est frappée de l'avantage
» qu'il y aura d'y introduire des colons qui,
» par leurs connaissances locales, leur habi-
» tude des divers genres de culture, seront à
» portée d'éclairer leurs collègues. »

Et à la page 17, après avoir indiqué com-
bien la position des colons présenterait de va-
riétés et la nécessité d'offrir des moyens d'ac-
cès à toute demande qui pourrait être justifiée,
la commission ajoute : « Il en résulte qu'on ne
» peut ni prescrire un mode uniforme de preu-
» ves, *ni désigner un seul genre. d'actes* pour
» faire cette preuve; qu'il faut accueillir tout
» ce qui pourra éclairer la commission sur les
» droits des réclamans. »

C'est dans cet esprit que la commission avait
arrêté et rédigé toutes ses propositions.

Elle avait dit, page 6 du rapport :

« L'équité naturelle commande l'égalité entre
» toutes les victimes d'une même catastrophe. »

Page 37 : « La position des colons interdit
» toute disposition trop rigoureuse. »

La conviction de ces vérités ne cesse de se

manifester, et l'expression s'en reproduit sous toutes les formes à la fin du travail de la commission.

« Dans l'impossibilité de connaître la vérité » réelle, il faut bien s'en tenir à des preuves » de simple arbitrage, *de simple probabilité.* » (Page 44.)

« Lorsqu'il s'agit d'être juste, il ne faut pas » être retenu par la crainte de quelques abus » possibles. » (Page 46.)

« Il ne faut jamais perdre de vue que la po- » sition actuelle ne saurait être soumise à des » règles qui ne sont faites, en général, que pour » des temps et des circonstances ordinaires. . .

. . . .

» Dès qu'il y a quelque chose de juste à faire » et *quelque possibilité de le faire,* doit-on s'y » refuser? C'est à l'équité de la commission » de liquidation qu'on doit s'en remettre. » (Page 54.)

On retrouve les mêmes idées et les mêmes principes, dans l'exposé des motifs du projet de loi et dans les rapports des commissions des deux chambres.

Exposé des motifs. « La lecture attentive du travail de la commission préparatoire , fera connaître l'impossibilité d'insérer dans la loi des dispositions plus explicites, et d'y tracer des règles fixes , et des bases positives d'éva- luation. Les efforts tentés à cet égard par les hommes les plus capables de résoudre des difficultés qui n'eussent pas été insolubles, n'ont d'ailleurs pas été inutiles ; les bases d'é- vâluation qu'ils ont indiquées fourniront pres- que toujours, à la commission de liquidation , les moyens les plus sûrs pour parvenir à fixer la valeur des propriétés perdues; mais la mul- tiplicité de ces bases qu'il fallait nécessaire- ment diversifier , afin qu'elles pussent au be- soin se suppléer les unes aux autres, offrirait un grand danger si ces mêmes bases étaient consacrées par la loi , et si quelques-uns des réclamans, en se contentant de faire les pro- ductions les plus favorables pour eux, pou- vaient, la loi à la main, exiger que leurs pertes « fussent évaluées à un taux que la commis. sion , d'après d'autres documens *et son intime conviction*, reconnaîtrait exagéré. Quelle que pût être d'ailleurs la diversité des bases fixées par la loi, à quoi servirait-elle pour régler l'in- demnité d'un très-grand nombre de réclamans qui se trouveront dans l'impossibilité de produire les documens nécessaires à leur application , et pour lesquels il faudra nécessairement recourir à la voie de l'enquête et de la preuve testimonale ? »

Rapport de la commission de la chambre des députés. « Il s'agit de répartir une indemnité dans une juste proportion avec les pertes éprouvées. Ces pertes sont si anciennes et les objets perdus sont situés à une distance telle, qu'aucune vérification locale et matérielle n'est possible. Ces confiscations n'ont été ni précédées de séquestre dont les procès-verbaux serviraient à constater la consistance des biens , ni suivies de ventes dont les actes en indiqueraient la valeur.

» On essaierait donc vainement de faire déterminer par la loi, des bases auxquelles la commission de liquidation serait tenue de se conformer, comme on l'a fait dans la loi du 27 avril 1825.

» Sans revenir maintenant sur les différens systèmes qui furent discutés devant vous à cette époque , il est constant que chacun croyait possible de trouver, pour liquider l'indemnité due aux victimes des confiscations, une base certaine, prise dans des actes consommés et invariables; que chacun croyait possible de déterminer des moyens de preuves et des bases d'évaluation applicables à tous les cas, et les mêmes pour tous.

» Le travail de la commission créée par l'ordonnance du 1er septembre, a dû convaincre chacun de vous qu'il n'y a rien de semblable à espérer ni à prescrire, en ce qui touche l'indemnité destinée aux colons. Leurs positions seront aussi variées que les malheurs dont ils ont été les victimes.

» S'il n'est pas raisonnable de croire chacun sur sa parole, il serait injuste d'exiger de tous le même genre de preuves; il ne le serait pas moins de rejeter certaines preuves, qui, faibles peut-être et insuffisantes dans des circonstances ordinaires, devront leur force et leur admissibilité à l'impuissance où la force majeure a mis les colons d'administrer des preuves plus complètes.

» Il faut chercher, sans doute, les moyens que cette facilité, commandée par la position où l'on se trouve, ne dégénère pas en abus, et n'ouvre pas des portes à la fraude; mais tout homme impartial reconnaîtra que ces situations, ces nuances si variées et si difficiles à marquer, ne peuvent être prévues dans une loi dont le caractère est d'être général et fixe; *qu'on ne saurait poser des règles inflexibles*, dont le résultat serait de repousser certains réclamans, sous prétexte que leur position n'aurait pas été textuellement prévue, et d'assurer des droits incontestables à d'autres, dont les demandes seraient évidemment exagérées.

» Quoiqu'on ait dit souvent, et avec raison, que l'arbitraire de la loi est préférable à l'arbitraire de l'homme, les lois civiles, faites en général pour un ordre de choses régulier et paisible, décident formellement que, dans un grand nombre de circonstances, ce que les citoyens ont de plus important, leur état, ce qu'ils ont de plus cher, leur bonne foi, leur délicatesse, *doivent être jugés par des présomptions abandonnées aux lumières et à la conscience des magistrats*, qui, combinant les divers élémens susceptibles d'éclairer leur raison et de guider leur justice, se décident par la réunion de documens, de circonstances dont chacune isolée serait insuffisante, mais dont le nombre et la coïncidence suppléent à ce qui leur manque de force individuelle.

» *A plus forte raison faut-il se confier à ces*

principes, lorsqu'il s'agit d'apprécier des indemnités dont la cause se rattache à des malheurs aussi grands en eux-mêmes qu'imprévus
pour ceux qui en ont été frappés, et que variés
dans leurs circonstances; *c'est à l'équité, au
discernement de la commission qu'il faut laisser une appréciation qui échappe nécessairement à toute prévoyance;* il serait injuste et dé-
sespérant de ne pas compter pour beaucoup
sur la garantie que donne la responsabilité
morale à laquelle seront soumis des hommes
que la confiance du législateur aura investis
d'un grand pouvoir discrétionnaire.

» Cependant l'article 7, tel que l'a proposé
le ministère, nous a paru susceptible de quelques modifications : il autorise la commission
à se décider, même d'après des enquêtes, s'il
y a lieu. Ces mots *s'il y a lieu,* supposent une
relation avec des lois ou règles qui décident
quand il y a lieu d'admettre la preuve testimoniale. Ces lois et ces règles sont dans les
codes; mais les circonstances ne permettent
pas de se référer ici au droit commun, sur l'admissibilité de la preuve testimoniale. Nous pensons que l'idée qu'on a eue en vue sera mieux

exprimée par ces mots : « Même par voie d'enquête, *si elle le juge convenable.* »

Rapport de la commission de la chambre des pairs : « A Saint-Domingue, la spoliation des colons, consommée successivement au milieu du carnage et des flammes, n'a été accompagnée d'aucun acte qui ait attribué une valeur à leur propriété. Il faut, après trente années, chercher à reconnaître celles qu'elles avaient quand ils en furent dépossédés. La commission préparatoire a cherché à fixer des règles d'évaluation. Ce seront d'utiles jalons pour guider la marche de la commission de liquidation ; mais ces règles ne partant point d'un acte authentique, comment pourrait-on les opposer aux titres primitifs que les réclamans auraient à présenter? Le projet de loi a donc déféré à la commission le soin de fixer la valeur des immeubles, d'où doit résulter la répartition de l'indemnité ; il statue seulement que ces immeubles seront appréciés d'après la valeur commune des propriétés dans la colonie en 1789.»

Ainsi, le travail de la commission préparatoire, l'exposé des motifs du projet de loi, et les rapports des commissions de la chambre des députés et de la chambre des pairs, enfin la loi elle-même, tout consacre cette vérité manifeste, que pour régler avec justice l'indemnité *d'un grand nombre* de réclamans qui se trouveront *dans l'impossibilité* de produire les documens nécessaires, il faudra nécessairement recourir à la voie de l'enquête et de la preuve testimoniale. (*Exposé des motifs du projet de loi.*)

Mais quel sera le mode de ces enquêtes ? L'ordonnance royale du 9 mai, article 6, se borne à en prescrire les conditions générales avec le modèle des demandes ; du reste, elle ne détermine aucune catégorie d'admission ni d'exclusion. Et comment l'aurait-elle fait, lorsque la loi, dont cette ordonnance ne règle que les moyens d'exécution, a laissé la plus grande latitude à la commission de liquidation sur l'application des enquêtes ?

On peut donc dire qu'il reste beaucoup à faire à cet égard, et que les droits des réclamans qui ne peuvent justifier de la valeur de leurs pertes, n'ont encore que la garantie générale qui résulte de l'intention manifeste du gouvernement et de l'amour du bien dont la commission est animée.

Jusqu'à présent, les ayant-droit réduits à

l'enquête désignent, lorsqu'ils parviennent à
en découvrir, quelques anciens colons dont ils
espèrent pouvoir obtenir le témoignage. Ces
témoins, échappés en si petit nombre à la destruction de la colonie et aux chances naturelles
de l'humanité, sont tous avancés en âge : ils
disparaissent successivement...... Encore quelques années, il n'en restera plus ! Dans leur
situation actuelle, dispersés pour la plupart, af-
faiblis par le malheur et n'aspirant qu'à la
tranquillité, comment se flatter qu'ils consen-
tiront à répondre à des interrogations précises
et sous la solennité du serment ? Diront-ils
quel était le revenu, ou le nombre de nègres
ou la valeur d'une habitation ? Soit défaut de
mémoire, soit inquiétude de conscience, soit
ndifférence peut-être, presque tous répon-
dront ou qu'ils ne l'ont pas su, ou qu'ils l'ont
oublié.

Après un tel résultat, bien plus probable
qu'une instruction suffisante pour établir des
bases d'appréciation, que décidera la commission pour faire droit à une réclamation
soumise à l'enquête ? « Elle combinera les di-
» vers élémens susceptibles d'éclairer sa cons-
» cience et de guider sa justice. Libre dans le

» cercle de quelques règles indiquées comme
» seules barrières aux dangers d'un arbitraire
» illimité, *elle se décidera par la réunion de*
» *diverses présomptions*, dont chacune, isolée,
» serait insuffisante, mais dont le nombre et la
» coïncidence suppléeront à ce qui leur man-
» que de force individuelle. » (*Rapport au Roi*,
page 14).

On ne supposera pas que la commission
entend rejeter toute demande pour laquelle
l'enquête n'aurait rien produit quant aux bases
de l'appréciation ; car ce serait évidemment
prononcer l'exclusion d'un très-grand nombre
d'ayant-droit. Il faut donc croire qu'elle en-
trera dans le système, difficile il est vrai, mais
indispensable, des présomptions et des probabilités.

Quel sera le mode des investigations? La
commission les concentrera-t-elle dans son
sein, ou les étendra-t-elle au dehors? Si,
comme nous le croyons, les enquêtes dont on
a rendu les conditions trop rigoureuses, ne
deviennent qu'une mesure stérile, admettra-
t-elle dans sa jurisprudence les enquêtes *de
commune renommée?* Le code a prévu des circonstances auxquelles ce moyen est applicable

et qui ne sont pas sans analogie avec celles qui nous occupent.

Quoi qu'il en soit, et sans nous permettre de rien préjuger sur une question aussi grave, nous redirons avec confiance qu'il nous semble impossible que la commission ne se décide pas à quelques *mesures subsidiaires* à l'enquête et qui garantissent les intérêts des réclamans qui s'y trouvent soumis.

Ce moyen, quel qu'il soit, une fois adopté, devra rassurer tous ceux que l'article 3 de l'arrêté aurait épouvantés; car les motifs de cette disposition ne subsisteraient plus à leur égard dès l'instant qu'ils auraient cédé à la nécessité de suppléer à l'enquête régulière, que l'on pourrait dire étroite, une jurisprudence plus large. En un mot, le besoin de la justice et le courage d'en franchir tous les obstacles, l'auraient emporté sur la crainte des abus de l'arbitraire, et la voie serait ouverte à ceux qui n'ont que des actes non justificatifs de la véritable valeur des propriétés perdues, comme à ceux qui n'en produisent d'aucune espèce.

Nous ne saurions trop le répéter et nous ne serons pas contredits par ceux qui, comme nous, ont fait une étude particulière des anciennes affaires de Saint-Domingue, les ayant-droit à l'indemnité qui ne peuvent prouver la valeur des propriétés pour lesquelles ils réclament sont certainement les plus nombreux : on ne doit pas perdre de vue qu'ils sont aussi généralement ceux à qui les événemens ont été le plus funestes, et qu'en outre, les colons qui résidaient sur leurs habitations, vendant leurs denrées dans la colonie, n'en conservaient pas ordinairement des comptes; que ceux d'entre eux qui ont échappé à la destruction n'ont pu rien sauver; ou que, du moins, les exceptions sont très-rares.

C'est en faveur de cette classe, la plus laborieuse et la plus digne d'intérêt par ses malheurs, que la commission de liquidation a été investie d'un grand pouvoir, d'un pouvoir discrétionnaire : c'est surtout (1) pour cette classe

---

(1) Nous n'avons pas la pensée de porter atteinte à des droits que le législateur n'a pas voulu restreindre ; mais il est impossible de ne pas sentir que les colons encore vivans, ou leurs veves et leurs enfans, se recommandent bien plus à la sollicitude de la commission, que des collatéraux éloignés, qu'une succession inattendue vient réjouir, au milieu de tant de sujets de désolation.

de colons, comme pour leurs enfans, leurs veuves ou leurs plus proches parens, qu'il a été dit : que leur position interdit toute disposition trop rigoureuse ; que lorsqu'il s'agit d'être juste, *il ne faut pas être retenu par la crainte de quelques abus possibles ;* que dès qu'il y a quelque chose de juste à faire *et quelque possibilité de le faire*, c'est à la commission qu'on doit s'en remettre.

Qu'il nous soit donc permis de considérer une disposition aussi dure, aussi désespérante que celle de l'article 3 de l'arrêté, comme une de ces barrières que l'on pose provisoirement dans un espace inconnu, ou comme un premier point d'arrêt dans une marche pénible. Hâtons-nous de calmer tous ceux qui se croyaient menacés de se voir enlever leur dernière ressource ; qu'ils se confient en la justice éclairée de la commission et dans leur bon droit ; qu'ils renoncent à toute dissimulation, et qu'ils remettent les actes qu'ils ont pu sauver, sans craindre de les voir interpréter contre eux ; qu'ils y joignent franchement toutes les explications, tous les renseignemens possibles. C'est devant un tribunal d'équité surtout que la bonne foi doit gagner sa cause.

Nous dirons encore aux réclamans, et c'est aussi un des motifs qui nous décident à publier ces réflexions : Il y a des hommes avides qui spéculent sur vos alarmes, sur votre désespoir, et qui vous offriront d'acheter vos droits. N'écoutez pas leurs sinistres présages, et gardez-vous de ces marchés funestes. Encore un peu de persévérance, et vous verrez se réaliser pour vous cette maxime fondamentale de la liquidation de l'indemnité de Saint-Domingue :

L'équité nationale commande l'égalité entre toutes les victimes d'une même catastrophe.

FIN.